Le B.A.-BA de la cuisine

90 RECETTES ULTRASIMPLES

Super Facile

SOLAR

Édito

Vous débutez en cuisine ? Vous êtes pressé par le temps ou disposez de moyens limités ? Vous ne manquerez plus d'idées pour faire face à tous les impératifs et toutes les occasions du quotidien.

Dorian, blogueur culinaire créatif et curieux, a imaginé pour vous 90 recettes de classiques simplifiés. Il vous offre dans ce livre ses secrets pour parvenir à l'équation idéale d'une cuisine familiale vraiment simple, ou comment, avec peu d'ingrédients et aussi peu d'étapes, préparer des recettes variées et originales.

Découvrez ainsi l'essentiel pour élaborer des plats complets et équilibrés privilégiant les produits de saison et révélant de nouvelles associations gourmandes.

Déclinez vos envies de plats et desserts basiques mais indémodables, avec des recettes qui redonneront du goût à votre cuisine de tous les jours.

Quand simplicité et saveur sont au rendez-vous, cuisiner devient...

... super facile !

Sommaire

Salade niçoise

Pour 4 personnes
Préparation : 10 min
Cuisson : 10 min

4 œufs

60 g de haricots verts

1 cœur de batavia coupé en bandes

2 tomates coupées en quartiers

1 boîte de thon à l'huile d'olive égouttée

6 anchois

12 olives noires dénoyautées

Pour la vinaigrette

3 cuil. à soupe d'huile d'olive

1 cuil. à soupe de vinaigre de vin

Sel et poivre

1 Faites cuire les œufs 10 minutes dans une casserole d'eau bouillante. Passez-les sous l'eau froide, écalez-les et coupez-les en quatre.

2 Faites cuire les haricots verts 6 minutes dans une casserole d'eau bouillante salée. Refroidissez-les en les plongeant dans un saladier d'eau bien froide, puis égouttez-les.

3 Disposez dans les assiettes la batavia, les quartiers de tomates, les haricots, le thon émietté, les anchois, les olives et les œufs.

4 Fouettez ensemble tous les ingrédients de la vinaigrette et assaisonnez la salade.

N'hésitez pas à ajouter quelques feuilles de basilic !

Cake comté, jambon blanc, olives

Pour 6 à 8 personnes
Préparation : 10 min
Cuisson : 40 min

---

60 g de comté

30 g d'emmental râpé

90 g de jambon de Paris taillé en cubes

60 g d'olives vertes dénoyautées

300 g de farine + un peu pour le moule

1 sachet de levure

6 œufs

12 cl de lait

3 cl d'huile d'olive

Un peu de beurre pour le moule

Poivre du moulin

1 Préchauffez le four à 180 °C (th. 6). Dans un saladier, mélangez le comté, l'emmental, le jambon et les olives.

2 Versez la farine et la levure dans un saladier.

3 Mélangez à part les œufs, le lait et l'huile d'olive, et fouettez rapidement.

4 Incorporez à la farine, mélangez jusqu'à obtenir une pâte lisse et homogène.

5 Ajoutez la garniture, poivrez et mélangez de nouveau.

6 Versez la pâte dans un moule à cake de 22 cm par 8 cm environ, beurré et fariné. Enfournez pour 40 minutes.

Essayez le jambon cru en fines tranches coupé en petits cubes !

Minestrone

Pour 4 personnes
Préparation : 15 min
Cuisson : 23 à 28 min

1 gousse d'ail coupée en petits dés

1 oignon coupé en petits dés

1 cuil. à soupe d'huile d'olive + 1 filet

1 pomme de terre coupée en petits dés

1 carotte coupée en petits dés

150 g de haricots blancs écossés

1 l de bouillon de légumes

1 tomate coupée en petits dés

1 courgette coupée en petits dés

90 g de haricots verts coupés en petits tronçons

1 dizaine de feuilles de basilic

60 g de petites pâtes

Sel et poivre

1 Faites revenir l'ail et l'oignon avec l'huile 3 minutes dans une cocotte, à feu assez vif.

2 Ajoutez la pomme de terre, la carotte, les haricots blancs et le bouillon, et poursuivez la cuisson 15 minutes.

3 Ajoutez la tomate, la courgette, les haricots verts et le basilic. Salez, poivrez et laissez cuire encore 5 à 10 minutes. Ajoutez les pâtes 5 à 10 minutes avant la fin de la cuisson, selon le temps indiqué sur l'emballage.

4 Parsemez éventuellement de feuilles de basilic et versez un filet d'huile d'olive, puis servez.

Pour gagner du temps, utilisez des haricots blancs en boîte. Rincez-les et mettez-les en même temps que les pâtes.

Taboulé

Pour 4 à 6 personnes
Préparation : 10 min
Réfrigération : 30 min

---

120 g de semoule de couscous fine

2 cuil. à soupe d'huile d'olive

3 cl de jus de citron

90 g de concombre coupé en gros cubes

2 oignons nouveaux

2 tiges de menthe

2 tiges de persil

1 petite tomate coupée en petits cubes

Sel et poivre

1 Versez la semoule dans un saladier. Ajoutez 90 cl d'eau, l'huile et le jus de citron, salez et poivrez. Mélangez et laissez le couscous s'imbiber une trentaine de minutes au réfrigérateur.

2 Hachez le concombre, les oignons, la menthe et le persil dans un mixeur.

3 Ajoutez le tout au couscous ainsi que les dés de tomate. Mélangez bien.

À la place du persil, utilisez de la coriandre pour accentuer la touche orientale de votre taboulé !

Flammekueche

Pour 4 à 6 personnes
Préparation : 10 min
Cuisson : 20 min

---

2 cuil. à soupe de crème fraîche épaisse

2 cuil. à soupe de fromage blanc battu

1 pâte à pizza d'environ 26 cm de diamètre

1 oignon moyen finement émincé

50 g de lardons taillés en allumettes

Poivre

1 Préchauffez le four à 210 °C (th. 7). Mélangez 1 cuillerée à soupe de crème et le fromage blanc.

2 Étalez la moitié du mélange sur la pâte à pizza.

3 Déposez par-dessus l'oignon, les lardons, puis la crème restante.

4 Poivrez et enfournez pour une vingtaine de minutes en surveillant.

Vous pouvez aussi réaliser cette tarte avec de la pâte à pain !

Salade César

Pour 4 personnes
Préparation : 10 min
Cuisson : 12 min
Repos : 20 min

2 blancs de poulet

1 cuil. à café d'huile d'olive

1 petite salade romaine

1 petit bol de croûtons

4 cuil. à soupe de copeaux de parmesan

Sel et poivre

Pour la sauce

1 jaune d'œuf

5 cl d'huile d'olive

10 cl de crème liquide

30 g de parmesan

1 cuil. à soupe de vinaigre de cidre

1 Faites cuire les blancs de poulet dans une poêle avec l'huile, 12 minutes à découvert, en les retournant de temps en temps.

2 Salez, poivrez et emballez-les dans du papier d'aluminium, puis laissez-les refroidir.

3 Mettez dans le bol d'un mixeur tous les ingrédients de la sauce et mixez le tout.

4 Coupez le poulet en tranches fines.

5 Coupez la salade en bandes d'environ 2 ou 3 cm.

6 Déposez la salade dans les assiettes, ajoutez les lamelles de poulet, les croûtons et les copeaux de parmesan. Arrosez le tout de sauce.

Soupe de potiron

Pour 4 personnes
Préparation : 10 min
Cuisson : 23 min

---

500 g de potiron coupé en cubes

1 blanc de poireau coupé en tronçons

1 oignon coupé en morceaux

20 g de beurre

50 cl de lait

50 cl de bouillon de légumes en cube

2 cuil. à soupe de crème fraîche épaisse

Sel et poivre

1 Faites revenir le potiron, le poireau et l'oignon dans une casserole avec le beurre, 3 minutes à feu assez vif. Salez et poivrez.

2 Versez le lait et le bouillon de légumes et laissez cuire 20 minutes.

3 Ajoutez la crème et mixez finement le tout.

Pour parfumer cette soupe, vous pouvez ajouter une pointe de noix de muscade !

Foie gras

Pour 4 personnes
Préparation : 5 min
Cuisson : 30 min
Réfrigération : 48 h

250 g de foie gras dénervé cru
1 cuil. à café de cognac
Sel et poivre

1 Préchauffez le four à 180 °C (th. 6). Coupez le foie gras en tranches dans la largeur.

2 Déposez les tranches dans une assiette. Salez, poivrez et arrosez de cognac.

3 Tassez les tranches les unes sur les autres dans une terrine ronde de 12 cm de diamètre munie d'un couvercle.

4 Posez la terrine fermée dans un plat à hauts bords et remplissez le plat d'eau bouillante jusqu'en dessous du bord de la terrine.

5 Enfournez pour 30 minutes.

6 Laissez la terrine refroidir, puis mettez-la au réfrigérateur pour 2 jours.

Pour varier le goût de votre foie gras, essayez d'autres alcools, armagnac ou porto par exemple !

Gougères au fromage

Pour 4 personnes
Préparation : 15 min
Cuisson : 35 min

---

60 g de beurre

1 pincée de sel

150 g de farine tamisée

4 œufs

90 g de gruyère râpé
+ un peu pour la finition (facultatif)

Poivre

1 Préchauffez le four à 180 °C (th. 6). Dans une casserole, portez à ébullition 25 cl d'eau avec le beurre et le sel.

2 Retirez du feu et versez d'un coup la farine. Mélangez vivement jusqu'à obtenir une pâte qui se décolle des parois.

3 Remettez à feu doux et faites sécher la pâte 1 minute en la remuant bien.

4 Incorporez les œufs un à un en mélangeant très vivement. Ajoutez le gruyère, poivrez et mélangez à la spatule.

5 Formez, à l'aide de deux cuillères, des petits tas d'environ une demi-cuillerée à soupe sur une plaque recouverte de papier cuisson.

6 Déposez éventuellement 1 pincée de fromage râpé sur chaque gougère. Enfournez pour 30 minutes environ.

N'hésitez pas à utiliser d'autres fromages comme le comté ou la tome de brebis !

Tarte à l'oignon

Pour 4 personnes
Préparation : 15 min
Cuisson : 53 min

- 1 rouleau de pâte brisée
- 20 g de beurre
- 500 g d'oignons finement émincés
- 3 œufs
- 20 cl de crème liquide
- 1 cuil. à soupe de moutarde forte
- Sel et poivre

1 Préchauffez le four à 180 °C (th. 6). Déroulez la pâte dans un moule rond d'environ 26 cm de diamètre.

2 Faites revenir le beurre et les oignons dans une grande poêle, 10 minutes à couvert, en remuant de temps en temps, puis 3 minutes à découvert, sans les faire dorer.

3 Laissez les oignons tiédir, puis répartissez-les sur la pâte.

4 Mélangez les œufs, la crème et la moutarde dans un saladier. Salez et poivrez.

5 Versez le mélange sur les oignons. Enfournez pour 40 minutes.

Vous pouvez aromatiser les oignons en leur ajoutant un peu de laurier et de thym.

Soupe à l'oignon

Pour 4 personnes
Préparation : 10 min
Cuisson : 30 min

---

2 cuil. à soupe d'huile d'arachide

20 g de beurre

500 g d'oignons émincés

40 g de farine

90 g de comté

8 tranches de baguette

Sel et poivre

1 Faites chauffer l'huile et le beurre dans une grande sauteuse. Quand le beurre est fondu, ajoutez les oignons, salez un peu et poivrez généreusement.

2 Faites revenir à feu moyen 15 minutes, jusqu'à ce que les oignons commencent à roussir.

3 Ajoutez la farine et mélangez, laissez roussir encore 5 minutes.

4 Versez 75 cl d'eau froide, mélangez pour délayer l'ensemble et décoller les sucs du fond de la sauteuse, puis laissez cuire 5 minutes.

5 Ajoutez 60 g de comté, mélangez et servez dans des bols.

6 Parsemez le reste du comté sur les bols et passez-les 5 minutes sous le gril.

7 Faites griller les tranches de baguette au grille-pain et ajoutez-les à la soupe. Servez sans attendre.

Pour un petit goût provençal, ajoutez une demi-cuillerée à café d'herbes de Provence séchées aux oignons !

Soufflé au fromage

Pour 4 personnes
Préparation : 15 min
Cuisson : 45 min

- 50 g de beurre + un peu pour le moule
- 50 g de farine
- 30 cl de lait
- 4 gros œufs, blancs et jaunes séparés
- 150 g de fromage râpé
- Sel et poivre

1 Préchauffez le four à 180 °C (th. 6). Faites fondre le beurre dans une casserole à feu moyen. Ajoutez la farine et fouettez.

2 Versez le lait en fouettant, salez, poivrez et laissez épaissir sur le feu en mélangeant. Laissez légèrement tiédir.

3 Fouettez les blancs d'œufs en neige.

4 Incorporez les jaunes d'œufs un à un à la crème en remuant vivement, puis ajoutez le fromage râpé. Incorporez délicatement les blancs en neige.

5 Versez la préparation dans un moule à soufflé beurré de 26 cm de diamètre.

6 Enfournez pour 40 minutes. Dégustez sans attendre.

Vous pouvez parfumer ce soufflé en ajoutant une pointe de noix de muscade en même temps que le lait.

Pâté de campagne

Pour 4 à 6 personnes
Préparation : 5 min
Cuisson : 1 h 30
Réfrigération : 12 h

- 1 oignon pelé et coupé en quatre
- 2 tiges de persil
- 2 brins de thym effeuillés
- ½ cuil. à café de sel
- ¼ de cuil. à café de poivre
- 350 g d'échine de porc coupée en morceaux
- 100 g de veau coupé en morceaux
- 100 g de poitrine fumée coupée en lardons
- 3 cl de vin blanc doux
- 1 œuf

1 Préchauffez le four à 180 °C (th. 6). Mixez l'oignon, le persil, le thym, le sel et le poivre 10 secondes au mixeur.

2 Ajoutez l'échine de porc et mixez encore 10 secondes.

3 Ajoutez le veau et la poitrine fumée et mixez encore 10 secondes.

4 Ajoutez le vin blanc et l'œuf, puis mixez une dernière fois 10 secondes.

5 Remplissez une terrine munie d'un couvercle d'environ 22 cm par 10 cm avec la farce obtenue en la tassant bien. Fermez la terrine.

6 Enfournez pour 1 heure 30. Laissez refroidir, puis réservez au frais 12 heures minimum avant de déguster.

Donnez un peu d'exotisme à votre terrine en ajoutant quelques pincées de ras el-hanout en même temps que le sel et le poivre !

Saucisson brioché

Pour 6 personnes
Préparation : 15 min
Cuisson : 1 h 10
Repos : 1 h 35

2 cuil. à soupe de lait

1 sachet de levure de boulanger

300 g de farine + un peu pour le moule

2 cuil. à soupe de sucre

¼ de cuil. à café de sel

3 œufs

90 g de beurre à température ambiante + un peu pour le moule

1 saucisson à cuire aux pistaches

1 Mélangez dans un bol le lait et la levure et laissez reposer 5 minutes.

2 Mélangez dans un saladier la farine, le sucre et le sel. Ajoutez les œufs, le beurre, le mélange lait-levure et pétrissez jusqu'à obtenir une pâte homogène. Réservez-la 1 heure dans un saladier à température ambiante.

3 Faites cuire le saucisson 40 minutes dans une grande casserole d'eau bouillante. Laissez-le tiédir, puis épluchez-le.

4 Préchauffez le four à 180 °C (th. 6). Pétrissez la pâte rapidement.

5 Tapissez un moule à cake beurré et fariné, d'environ 22 cm, d'une partie de la pâte en la faisant remonter sur les bords.

6 Déposez le saucisson sur la pâte, puis couvrez-le de la pâte restante. Laissez reposer 30 minutes à température ambiante.

7 Enfournez le moule pour 30 minutes environ. Laissez tiédir, puis servez la brioche coupée en tranches.

Pour obtenir une brioche joliment dorée, badigeonnez-la avec du jaune d'œuf, au pinceau, avant de l'enfourner !

Velouté de champignons

Pour 4 personnes
Préparation : 15 min
Cuisson : 19 min

---

250 g de champignons de Paris nettoyés et coupés en gros morceaux

1 gousse d'ail pelée et coupée en deux

1 oignon pelé et coupé en quatre

20 g de beurre

1 cuil. à soupe de farine

20 cl de lait

20 cl de bouillon de légumes

Sel et poivre

1 Mixez finement les champignons, l'ail et l'oignon ensemble.

2 Faites chauffer le beurre dans une casserole. Ajoutez les légumes mixés et faites-les revenir 3 minutes en remuant régulièrement.

3 Ajoutez la farine et remuez 1 minute.

4 Versez le lait et le bouillon, salez et poivrez. Portez à ébullition, puis baissez le feu, couvrez et laissez cuire 15 minutes.

5 Mixez finement au mixeur plongeant avant de servir.

N'hésitez pas à remplacer totalement ou partiellement les champignons de Paris par des champignons sauvages !

Velouté poireaux-pommes de terre

Pour 4 personnes
Préparation : 10 min
Cuisson : 23 min

Le blanc de 2 gros poireaux coupés en tronçons

250 g de pommes de terre pelées et coupées en cubes

1 oignon pelé et coupé en quatre

20 g de beurre

30 cl de bouillon de légumes en cube

Sel et poivre

1 Râpez finement au robot-mixeur les poireaux, les pommes de terre et l'oignon ensemble.

2 Faites chauffer le beurre dans une casserole. Ajoutez les légumes mixés et faites revenir 3 minutes en remuant régulièrement.

3 Ajoutez le bouillon, salez et poivrez. Portez à ébullition, puis baissez le feu, couvrez et laissez cuire 20 minutes.

4 Mixez finement au mixeur plongeant avant de servir.

Utilisez des pommes de terre à purée pour que votre velouté soit vraiment onctueux !

Tarte à la tomate

Pour 4 personnes
Préparation : 10 min
Cuisson : 30 min

750 g de tomates

1 rouleau de pâte feuilletée

4 cuil. à soupe de moutarde à l'ancienne

2 branches de thym

Sel et poivre

1 Préchauffez le four à 180 °C (th. 6). Coupez les tomates en tranches très fines et posez-les sur du papier absorbant.

2 Déroulez la pâte dans un moule. Étalez la moutarde sur la pâte.

3 Répartissez ensuite les tomates en plusieurs couches.

4 Parsemez les feuilles de thym, salez et poivrez.

5 Enfournez pour 30 minutes.

Il est très important de bien égoutter les tomates pour que la tarte soit bien sèche après cuisson !

Poireaux vinaigrette

Pour 4 personnes
Préparation : 5 min
Cuisson : 10 min

---

4 blancs de poireau

Pour la vinaigrette

1 cuil. à soupe de moutarde à l'ancienne

2 cuil. à soupe d'huile neutre

1 cuil. à café de vinaigre de cidre

Sel et poivre

1 Fendez les blancs de poireau dans la longueur sans les couper entièrement et lavez-les avec soin.

2 Faites-les cuire 10 minutes dans une casserole d'eau bouillante salée, puis égouttez-les bien et posez-les sur du papier absorbant.

3 Préparez la vinaigrette en mélangeant la moutarde, l'huile et le vinaigre, salez et poivrez selon votre goût.

4 Servez les poireaux arrosés de vinaigrette.

Vous pouvez ajouter quelques brins de persil finement hachés dans la vinaigrette.

Frisée aux lardons

Pour 4 personnes
Préparation : 10 min
Cuisson : 6 min

4 œufs

60 g de lardons taillés en allumettes

160 g de salade frisée

80 g de cerneaux de noix

1 bol de croûtons

Pour la vinaigrette

3 cuil. à soupe d'huile de tournesol

1 cuil. à soupe de vinaigre de cidre

1 cuil. à café de moutarde

Sel et poivre

1 Fouettez ensemble tous les ingrédients de la vinaigrette.

2 Faites cuire les œufs mollets, 6 minutes dans une casserole d'eau bouillante, puis mettez-les dans un saladier d'eau glacée pour stopper la cuisson.

3 Faites revenir les lardons dans une poêle antiadhésive 3 minutes à feu vif.

4 Répartissez la salade dans les assiettes. Déposez par-dessus les lardons, les noix et les croûtons. Arrosez de vinaigrette.

5 Écalez les œufs, coupez-les en deux et déposez-les dessus.

Vous pouvez réaliser cette salade avec des pissenlits plutôt que de la frisée !

Salade de lentilles

Pour 4 personnes
Préparation : 10 min
Cuisson : 35 min
Repos : 10 min

---

90 g de lardons épais

2 échalotes hachées

1 gousse d'ail

2 feuilles de laurier

1 cuil. à soupe d'huile de tournesol

180 g de lentilles vertes

2 tomates coupées en cubes

1 l de bouillon de légumes

4 œufs

2 tiges de persil hachées pour servir

Pour la vinaigrette

3 cuil. à soupe d'huile de tournesol

1 cuil. à soupe de vinaigre de vin

1 cuil. à soupe de moutarde forte

Sel et poivre

1 Faites revenir les lardons, les échalotes, l'ail et le laurier avec l'huile dans une cocotte, à feu assez vif, 3 minutes en remuant régulièrement.

2 Ajoutez les lentilles, les tomates et le bouillon, et laissez cuire 30 minutes à feu moyen et à couvert. Laissez tiédir.

3 Faites cuire les œufs mollets, 6 minutes dans une casserole d'eau bouillante. Sortez-les de l'eau et laissez-les refroidir dans un saladier d'eau bien froide avant de les écaler.

4 Préparez la vinaigrette en fouettant ensemble tous les ingrédients.

5 Versez la vinaigrette sur les lentilles et mélangez.

6 Servez en déposant les œufs coupés en deux par-dessus et en parsemant de persil.

Vous pouvez aussi servir cette salade avec des œufs durs !

Tartare de bœuf

Pour 4 personnes
Préparation : 10 min

1 dizaine de cornichons hachés

2 cuil. à soupe de câpres hachées

2 oignons nouveaux hachés finement

2 cuil. à soupe de persil haché

1 cuil. à soupe de moutarde

1 cuil. à soupe de sauce Worcestershire

1 cuil. à soupe d'huile d'olive

440 g de steak haché

4 jaunes d'œufs

Sel et poivre

1 Mélangez tous les ingrédients, sauf la viande et les jaunes d'œufs, et réservez-en une moitié.

2 Ajoutez l'autre moitié à la viande, mélangez bien et formez 4 palets.

3 Répartissez le hachis réservé sur le dessus des palets.

4 Déposez 1 jaune d'œuf sur chacun d'eux.

Vous pouvez aussi réaliser votre tartare avec de la viande coupée au couteau !

Croque-madame

Pour 4 personnes
Préparation : 15 min
Cuisson : 15 min

---

8 tranches de pain de mie

8 cuil. à soupe de béchamel

4 tranches de jambon

200 g de gruyère râpé

4 œufs

10 g de beurre

1 Faites griller rapidement les tranches de pain au grille-pain.

2 Préchauffez le four à 180 °C (th. 6). Déposez 4 tranches de pain sur une plaque.

3 Étalez la moitié de la béchamel sur les tranches de pain, déposez ensuite le jambon, parsemez la moitié du gruyère râpé, puis posez les 4 tranches de pain restantes par-dessus. Terminez en étalant la béchamel restante, puis le gruyère restant.

4 Enfournez pour une douzaine de minutes, jusqu'à ce que les croque-monsieur soient bien dorés.

5 Faites cuire les œufs dans une poêle avec le beurre, à feu moyen.

6 Déposez les croque-monsieur sur les assiettes et posez un œuf sur chacun pour obtenir un croque-madame. Dégustez sans attendre.

Vous pouvez utiliser d'autres fromages râpés, notamment du comté !

Quiche lorraine

Pour 4 personnes
Préparation : 10 min
Cuisson : 43 à 48 min

1 pâte brisée
180 g de lardons fumés
3 œufs
60 g d'emmental râpé
250 g de crème fraîche épaisse entière
Beurre et farine pour le moule
Poivre

1 Préchauffez le four à 180 °C (th. 6). Étalez la pâte dans un moule à tarte beurré et fariné. Recouvrez-la d'une feuille de papier cuisson. Garnissez de poids (farine, légumes secs...) et enfournez pour une dizaine de minutes. Retirez la feuille et les poids et laissez refroidir.

2 Faites revenir les lardons dans une poêle à feu vif 3 minutes environ. Poivrez.

3 Mélangez dans un bol les œufs, l'emmental et la crème.

4 Déposez les lardons sur le fond de tarte, puis versez la crème aux œufs et poivrez.

5 Enfournez pour 30 à 35 minutes.

Accentuez la saveur de votre quiche en utilisant du comté à la place de l'emmental !

Pizza

Pour 2 personnes
Préparation : 10 min
Cuisson : 12 min

---

250 g de mozzarella coupée en tranches fines

2 petites tomates coupées en tranches fines

1 pâte à pizza

2 cuil. à soupe de concentré de tomates

2 tranches très fines de jambon cuit

2 cuil. à soupe de parmesan râpé

Huile d'olive

Poivre

1 Préchauffez le four à 210 °C (th. 7). Égouttez bien les tranches de mozzarella et de tomate sur du papier absorbant.

2 Badigeonnez la pâte à pizza de concentré de tomates.

3 Déposez par-dessus les tomates, la mozzarella, le jambon et le parmesan. Poivrez et arrosez d'un filet d'huile d'olive.

4 Enfournez pour 12 minutes.

Les pizzas se prêtent aux garnitures les plus variées, n'hésitez pas à ajouter des demi-artichauts ou des anchois par exemple !

Lasagnes

Pour 4 à 6 personnes
Préparation : 15 min
Cuisson : 40 min

1 oignon émincé

1 gousse d'ail écrasée

1 cuil. à soupe d'huile d'olive

500 g de viande hachée

400 g de tomates concassées

1 branche de basilic effeuillée

20 cl de béchamel

1 douzaine de feuilles de lasagnes

60 g de fromage râpé

1 Faites revenir l'oignon et l'ail dans une sauteuse avec l'huile, 3 minutes en remuant régulièrement.

2 Ajoutez la viande et remuez 3 minutes de manière à l'émietter.

3 Versez 12 cl d'eau, ajoutez les tomates concassées et le basilic. Faites cuire 12 minutes en remuant régulièrement.

4 Préchauffez le four à 180 °C (th. 6). Dans un moule rectangulaire, versez 2 cuillerées à soupe de viande, 2 cuillerées à soupe de béchamel et couvrez de 2 feuilles de lasagne.

5 Recommencez jusqu'à atteindre le haut du moule. Recouvrez la dernière couche de lasagnes avec de la béchamel puis du fromage râpé.

6 Enfournez pour une vingtaine de minutes.

N'hésitez pas à ajouter des herbes : origan, herbes de Provence, etc.

Spaghettis bolognaise

Pour 4 personnes
Préparation : 10 min
Cuisson : 16 min

---

1 oignon pelé et coupé en quatre

1 carotte pelée et coupée en tronçons

1 branche de céleri coupée en tronçons

1 gousse d'ail pelée et coupée en deux

2 cuil. à soupe d'huile d'olive

1 cuil. à café d'herbes de Provence séchées

200 g de steak haché

400 g de tomates concassées

240 g de spaghettis

Sel et poivre

1 Mettez dans un mixeur l'oignon, la carotte, le céleri et l'ail. Hachez finement le tout.

2 Faites chauffer l'huile dans une sauteuse à feu assez vif. Ajoutez les légumes hachés et les herbes, et faites-les revenir 3 minutes.

3 Ajoutez la viande grossièrement émiettée. Faites revenir encore 3 minutes.

4 Versez les tomates concassées et 20 cl d'eau, salez et poivrez. Baissez le feu et laissez mijoter 10 minutes en remuant de temps en temps.

5 Faites cuire les spaghettis selon le temps indiqué sur le paquet.

6 Égouttez-les rapidement, puis versez-les dans la sauteuse pour les mélanger à la sauce.

Pour accentuer les saveurs de la bolognaise, ajoutez quelques feuilles de basilic avec les herbes de Provence !

Couscous

Pour 4 personnes
Préparation : 15 min
Cuisson : 26 min
Repos : 6 min

---

1 oignon émincé

1 cuil. à soupe + 1 cuil. à café d'huile d'olive

2 carottes coupées en tronçons

2 navets coupés en quatre

1 bouquet garni

2 cuil. à café de ras el-hanout

1,2 l de bouillon de légumes

2 courgettes coupées en tronçons

265 g de pois chiches égouttés

1 cuil. à café de harissa (facultatif)

150 g de semoule de couscous fine

8 merguez

Sel

1 Faites revenir l'oignon 3 minutes dans une cocotte avec 1 cuillerée à soupe d'huile.

2 Ajoutez les carottes, les navets et le bouquet garni, le ras el-hanout et le bouillon. Portez à ébullition, couvrez et faites cuire 6 minutes. Ajoutez les courgettes et les pois chiches et laissez cuire 6 minutes.

3 Ajoutez éventuellement la harissa et mélangez.

4 Versez la semoule de couscous dans un saladier avec 1 cuillerée à café d'huile, salez et mélangez bien.

5 Prélevez 20 cl du bouillon, versez-le sur la semoule, couvrez et laissez reposer 6 minutes.

6 Faites griller les merguez 5 minutes environ sur un gril brûlant. Coupez-les en morceaux et mélangez-les aux légumes.

7 Servez la semoule dans les assiettes, déposez par-dessus les légumes et les merguez, versez un peu de bouillon et proposez de la harissa.

N'hésitez pas à varier les légumes en ajoutant par exemple potiron ou chou blanc !

Blanquette de veau

Pour 4 personnes
Préparation : 10 min
Cuisson : 2 h

---

750 g de veau coupé en cubes
20 g de beurre
2 cuil. à soupe de farine
60 cl de bouillon de volaille
20 cl de vin blanc
1 gros oignon coupé en deux
1 bouquet garni
3 carottes pelées et coupées en rondelles
2 navets coupés en morceaux
100 g de champignons de Paris coupés en deux
150 g de crème fraîche
1 jaune d'œuf
Sel et poivre

1 Salez et poivrez la viande, puis faites-la revenir dans une cocotte avec le beurre jusqu'à ce qu'elle soit légèrement dorée. Saupoudrez de farine et remuez.

2 Versez le bouillon et le vin. Ajoutez l'oignon et le bouquet garni et faites cuire 1 heure, à feu moyen et à couvert.

3 Ajoutez les carottes et les navets et poursuivez la cuisson 45 minutes.

4 Ajoutez les champignons et laissez cuire encore 15 minutes.

5 Mélangez la crème et le jaune d'œuf.

6 Retirez la cocotte du feu. Ajoutez la crème à la sauce et mélangez.

Pour changer, remplacez les navets par des topinambours !

Gratin de pommes de terre

Pour 4 personnes
Préparation : 10 min
Cuisson : 55 min
Repos : 10 min

75 cl de lait entier

3 feuilles de laurier

1 gousse d'ail coupée en deux

Noix de muscade

750 g de pommes de terre à chair ferme coupées en lamelles

20 g de beurre

12 cl de crème liquide entière

Sel et poivre

1 Faites chauffer dans une grande casserole le lait avec les feuilles de laurier, la gousse d'ail et de la noix de muscade à votre goût.

2 Ajoutez les pommes de terre quand le lait bout, salez, poivrez, et laissez cuire à petit feu une quinzaine de minutes, en remuant de temps en temps.

3 Préchauffez le four à 180 °C (th. 6). Beurrez un plat à gratin et déposez-y les pommes de terre délicatement.

4 Versez la crème sur les pommes de terre et ajoutez du lait de cuisson jusqu'à ce que le jus arrive juste au-dessus des pommes de terre.

5 Coupez le beurre restant en tout petits morceaux et parsemez-le sur le gratin.

6 Enfournez pour 40 minutes environ, vérifiez la cuisson de la pointe d'un couteau.

7 Passez éventuellement le gratin sous un gril brûlant.

Avec une jolie salade bien rafraîchissante, c'est parfait pour un dimanche soir !

Risotto

Pour 4 personnes
Préparation : 5 min
Cuisson : 25 à 30 min

80 cl de bouillon de légumes
½ oignon haché finement
20 g de beurre
280 g de riz à risotto
2 pincées de filaments de safran
60 g de parmesan râpé
Sel et poivre

1 Faites chauffer le bouillon au micro-ondes.

2 Faites revenir l'oignon 2 minutes avec le beurre dans une casserole, à feu moyen.

3 Ajoutez le riz et le safran, et mélangez 1 minute.

4 Versez le bouillon, salez et poivrez à votre goût, remuez et faites cuire le tout à découvert de 18 à 20 minutes, jusqu'à ce que le liquide soit absorbé, en remuant une ou deux fois.

5 Incorporez le parmesan au risotto, couvrez et laissez reposer 1 minute avant de servir.

Le risotto ne se réchauffe pas, n'en faites pas trop !

Ailes de raie au beurre noisette

Pour 4 personnes
Préparation : 5 min
Cuisson : 15 min
Repos : 15 min

---

4 petites ailes de raie

1 cuil. à café de fumet de poisson en poudre

60 g de beurre

1 cuil. à soupe de câpres

1 Déposez les ailes de raie dans une sauteuse et couvrez-les d'eau.

2 Délayez le fumet de poisson dans l'eau. Portez à ébullition, coupez le feu et laissez reposer 15 minutes à couvert.

3 Faites chauffer le beurre dans une sauteuse antiadhésive jusqu'à ce qu'il prenne une couleur noisette.

4 Baissez le feu, ajoutez les câpres, déposez les ailes de raie égouttées et faites-les dorer 3 minutes de chaque côté.

Attention, le beurre doit être à peine noisette et surtout pas noir !

Brandade de morue

Pour 4 personnes
Préparation : 20 min
Cuisson : 55 min

---

300 g de pommes de terre à purée coupées en gros cubes

400 g de morue dessalée coupée en morceaux

1 bouquet garni

1 gousse d'ail

10 cl de lait

2 cuil. à soupe d'huile d'olive

1 Faites cuire les pommes de terre une vingtaine de minutes dans une casserole d'eau bouillante salée.

2 Faites pocher la morue 15 minutes dans une autre casserole d'eau bouillante avec le bouquet garni. Égouttez-la bien et enlevez la peau et les arêtes.

3 Mixez l'ail rapidement au mixeur, ajoutez la morue et mixez encore jusqu'à ce qu'elle soit bien effilochée.

4 Préchauffez le four à 180 °C (th. 6). Écrasez les pommes de terre en purée, incorporez le lait, l'huile et la morue mixée.

5 Versez le tout dans un plat à gratin et enfournez pour 20 minutes.

6 Passez éventuellement le plat sous un gril brûlant en fin de cuisson pour le dorer.

Si vous utilisez de la morue salée, pensez à la faire tremper la veille !

Moussaka

Pour 4 personnes
Préparation : 10 min
Cuisson : 55 min

1 oignon coupé en cubes

1 gousse d'ail hachée

2 tiges de basilic effeuillées

3 cuil. à soupe d'huile d'olive

500 g de viande d'agneau (ou de bœuf) hachée

400 g de tomates concassées

2 aubergines coupées en tranches de 1 cm

20 cl de béchamel

Sel et poivre

1 Préchauffez le four à 180 °C (th. 6). Faites revenir l'oignon, l'ail et le basilic avec 1 cuillerée à soupe d'huile d'olive 3 minutes dans une sauteuse.

2 Ajoutez la viande et faites-la revenir 3 minutes en l'émiettant.

3 Ajoutez les tomates concassées. Salez, poivrez et poursuivez la cuisson 12 minutes en remuant régulièrement.

4 Badigeonnez les tranches d'aubergine avec l'huile d'olive restante et faites-les cuire 3 minutes dans une poêle antiadhésive, à feu vif, en les retournant à mi-cuisson.

5 Déposez dans un plat une couche d'aubergines, la moitié de la viande, un tiers de la béchamel.

6 Recommencez l'opération. Finissez par une couche d'aubergines, puis une couche de béchamel.

7 Enfournez pour 30 minutes.

N'hésitez pas à faire plus de moussaka que nécessaire, elle est tout aussi bonne réchauffée !

Bœuf bourguignon

Pour 4 personnes
Préparation : 10 min
Cuisson : 2 h 40

---

850 g de bœuf coupé en gros cubes
1 cuil. à soupe d'huile d'olive
150 g de lardons
2 oignons émincés finement
1 gousse d'ail coupée en deux
1 bouquet garni
1 cuil. à soupe de farine
50 cl de vin rouge
1 cube de bouillon de bœuf
4 carottes coupées en larges rondelles
2 tiges de persil hachées pour servir
Sel et poivre

1 Faites revenir la viande avec l'huile dans une cocotte à feu vif, 3 minutes en remuant régulièrement.

2 Ajoutez les lardons, les oignons, l'ail et le bouquet garni, salez légèrement et poivrez. Laissez cuire encore 3 minutes, en remuant de temps en temps.

3 Incorporez la farine et remuez 1 minute.

4 Ajoutez le vin, le cube de bouillon et suffisamment d'eau pour couvrir la viande à hauteur.

5 Faites revenir à feu doux et à couvert 1 heure 45, en mélangeant de temps en temps.

6 Ajoutez les carottes et poursuivez la cuisson 45 minutes à découvert, en remuant de temps en temps. Ajoutez un peu d'eau si nécessaire.

7 Parsemez le persil haché et servez.

Dans le bourguignon, utilisez de préférence un vin rouge corsé !

Hachis parmentier

Pour 4 personnes
Préparation : 20 min
Cuisson : 1 h

---

1 kg de pommes de terre pelées et coupées en gros morceaux

20 cl de lait chaud

50 g de beurre

2 branches de thym effeuillées

2 tiges de persil

1 carotte pelée et coupée en morceaux

1 oignon pelé et coupé en morceaux

1 gousse d'ail pelée et coupée en deux

600 g de steak haché

1 cube de bouillon de bœuf

Sel et poivre

1 Faites cuire les pommes de terre 20 minutes dans l'eau bouillante salée. Égouttez-les et écrasez-les au presse-purée. Remettez-les dans la casserole, à feu doux, et ajoutez le lait chaud en mélangeant.

2 Ajoutez 30 g de beurre coupé en morceaux, salez, poivrez et mélangez encore.

3 Préchauffez le four à 180 °C (th. 6). Mixez le thym, le persil, la carotte, l'oignon et l'ail. Faites-les revenir 3 minutes avec le beurre restant dans une sauteuse.

4 Ajoutez le steak haché, salez, poivrez et laissez cuire encore 3 minutes en émiettant la viande.

5 Versez 10 cl d'eau et le cube de bouillon. Poursuivez la cuisson 12 minutes à découvert, en remuant de temps en temps. Répartissez la viande dans un plat, puis la purée par-dessus.

6 Enfournez pour 20 minutes. Placez ensuite le plat 3 minutes sous un gril brûlant

Vous pouvez remplacer le steak haché par du bœuf cuit haché !

Paupiettes de veau

Pour 4 personnes
Préparation : 10 min
Cuisson : 25 min

---

4 paupiettes de veau

1 gousse d'ail pelée et coupée en deux

2 branches d'origan effeuillées

1 oignon émincé finement

15 g de beurre

10 cl de vin blanc

1 cuil. à café de fond de veau déshydraté

180 g de riz

1 cuil. à soupe de fécule de maïs

1 cuil. à soupe de moutarde

Sel et poivre

1 Faites revenir dans une cocotte les paupiettes, l'ail, l'origan et l'oignon avec le beurre, 3 minutes en retournant régulièrement les paupiettes.

2 Versez le vin blanc, 20 cl d'eau et le fond de veau. Remuez et faites cuire 20 minutes en retournant régulièrement la viande.

3 Faites cuire le riz selon le temps indiqué sur le paquet.

4 Retirez les paupiettes et mixez le jus. Diluez la fécule de maïs avec 2 cuillerées à soupe de sauce, puis remettez le tout avec le reste de la sauce. Ajoutez la moutarde, mélangez bien et ajustez en sel et en poivre.

5 Servez les paupiettes sur le riz et arrosez-les de sauce.

Les paupiettes se réchauffent difficilement, n'en préparez pas trop !

Tomates farcies

Pour 4 personnes
Préparation : 10 min
Cuisson : 50 min

350 g de riz

½ oignon haché finement

2 cuil. à soupe d'huile d'olive

380 g de farce

4 tomates

Sel et poivre

1 Faites cuire le riz selon le temps indiqué sur le paquet.

2 Préchauffez le four à 180 °C (th. 6). Faites revenir l'oignon dans une poêle avec 1 cuillerée à soupe d'huile, à feu assez vif, jusqu'à ce qu'il commence à colorer.

3 Mélangez la farce avec l'oignon revenu et 120 g de riz cuit, salez et poivrez.

4 Coupez le sommet des tomates et évidez-les. Remplissez-les de farce et replacez les sommets.

5 Placez les tomates dans un plat, arrosez-les de l'huile restante et enfournez pour 40 minutes.

6 Servez les tomates avec le riz.

Vous pouvez aussi faire des tomates farcies avec de la chair de merguez, remplacez alors le riz par de la semoule !

Cassoulet

Pour 4 personnes
Préparation : 15 min
Cuisson : 40 min

---

1 tranche de poitrine fumée d'environ 1 cm d'épaisseur coupée en quatre

2 cuil. à soupe de graisse de canard

2 oignons hachées

2 gousses d'ail hachées

2 carottes hachées

1 bouquet garni

2 tomates coupées en cubes

800 g de haricots blancs au naturel, égouttés

2 cuisses de canard confites

2 cuil. à soupe de chapelure

Sel et poivre

1 Faites revenir la poitrine fumée avec la graisse de canard dans une grande sauteuse à feu assez vif, en remuant régulièrement.

2 Ajoutez les oignons, l'ail, les carottes et le bouquet garni et laissez cuire 3 minutes.

3 Ajoutez les tomates, salez légèrement et poivrez, mélangez. Laissez cuire 6 minutes.

4 Ajoutez les haricots, mélangez, déposez les cuisses de canard par-dessus, couvrez et laissez cuire 6 minutes à feu doux.

5 Préchauffez le four à 180 °C (th. 6). Versez le tout dans un plat, saupoudrez de chapelure et enfournez pour 20 minutes.

Vous pouvez ajouter des saucisses de Toulouse grillées en même temps que les cuisses de canard.

Paella

Pour 4 personnes
Préparation : 10 min
Cuisson : 33 min

---

4 hauts de cuisse de poulet

2 cuil. à soupe d'huile d'olive

½ poivron vert coupé en cubes

½ poivron rouge coupé en cubes

2 tomates coupées en cubes

60 g de chorizo coupé en tranches

300 g de riz long grain

60 cl de bouillon de volaille

2 pincées de safran

250 g de moules

12 grosses crevettes cuites

50 g de petits pois surgelés décongelés

Sel et poivre

1 Salez et poivrez le poulet. Faites-le revenir avec l'huile 12 minutes dans un plat à paella ou dans une grande poêle, à feu assez vif, en le retournant régulièrement.

2 Ajoutez les poivrons, les tomates et le chorizo, laissez cuire 3 minutes en remuant de temps en temps.

3 Ajoutez le riz, mélangez, versez le bouillon et le safran, mélangez encore et laissez cuire 12 minutes.

4 Ajoutez les moules, les crevettes et les petits pois et laissez cuire 6 minutes.

5 Versez un peu de bouillon supplémentaire si nécessaire.

Vous pouvez enrichir cette paella en ajoutant quelques rondelles de calamar en même temps que les moules et les crevettes !

Tourte au poulet

Pour 4 personnes
Préparation : 15 min
Cuisson : 35 min

---

20 g de beurre

4 blancs de poulet coupées en cubes

1 oignon émincé

150 g de champignons de Paris coupés en lamelles

Le blanc de 1 poireau coupé en tronçons

2 tiges de thym effeuillées

1 cuil. à soupe de farine

10 cl de vin blanc

2 cuil. à soupe de crème fraîche

2 pâtes feuilletées

1 jaune d'œuf

Sel et poivre

1 Préchauffez le four à 180 °C (th. 6). Faites chauffer le beurre dans une grande poêle à feu assez vif et faites-y revenir le poulet, l'oignon, les champignons, le poireau et le thym 3 minutes, en remuant régulièrement.

2 Ajoutez la farine et mélangez. Versez le vin blanc et remuez 1 minute. Ajoutez la crème, salez et poivrez et mélangez encore. Laissez tiédir.

3 Étalez une pâte feuilletée dans un moule à tourte en laissant dépasser le bord de la pâte de 1 cm.

4 Versez dessus le contenu de la poêle.

5 Recouvrez de la seconde pâte feuilletée et repliez les bords des deux pâtes vers l'intérieur de manière à les sceller.

6 Faites un trou au centre de la tourte. Badigeonnez-la de jaune d'œuf mélangé à 1 cuillerée à soupe d'eau. Enfournez pour 30 minutes.

Pour parfumer cette tourte, ajoutez, en même temps que les champignons, quelques morilles séchées réhydratées !

Gratin de courgettes

Pour 4 personnes
Préparation : 10 min
Cuisson : 40 min

---

20 cl de crème fraîche épaisse

4 œufs

100 g de gruyère râpé

2 tiges de thym effeuillées

3 courgettes coupées en fines rondelles

Sel et poivre

1 Préchauffez le four à 180 °C (th. 6). Dans un saladier, mélangez la crème, les œufs, le gruyère et le thym, salez et poivrez.

2 Répartissez la moitié des courgettes dans un moule à gratin. Versez par-dessus la moitié du mélange de crème. Ajoutez l'autre moitié des courgettes et versez le reste de crème.

3 Recouvrez d'une feuille de papier d'aluminium et enfournez pour 30 minutes.

4 Enlevez la feuille d'aluminium et laissez la cuisson se poursuivre 10 minutes.

Variez les saveurs de ce gratin en mélangeant courgettes et tomates !

Poulet basquaise

Pour 4 personnes
Préparation : 10 min
Cuisson : 45 à 50 min

---

4 hauts de cuisse de poulet

1 cuil. à soupe d'huile d'olive

1 oignon haché finement

1 gousse d'ail hachée finement

1 bouquet garni

2 tranches de jambon cru coupées en cubes

4 poivrons épépinés et coupés en lamelles

4 grosses tomates coupées en quartiers

Quelques pincées de piment d'Espelette

Sel et poivre

1 Faites revenir le poulet avec l'huile dans une sauteuse à feu moyen, en le retournant de tous les côtés jusqu'à ce qu'il soit bien doré. Réservez-le dans une assiette.

2 Versez dans la même sauteuse l'oignon, l'ail, le bouquet garni et le jambon et faites-les revenir 3 minutes.

3 Ajoutez les poivrons et laissez cuire 3 minutes, en remuant régulièrement.

4 Ajoutez les tomates, 10 cl d'eau, le piment d'Espelette à votre goût, salez et poivrez. Poursuivez la cuisson 15 minutes à couvert.

5 Ajoutez les morceaux de poulet réservés et remuez. Laissez cuire 20 minutes, en remuant de temps en temps.

Vous pouvez varier la couleur des poivrons !

Choux farcis

Pour 4 personnes
Préparation : 15 min
Cuisson : 25 min

1 gousse d'ail hachée finement

1 oignon haché finement

1 cuil. à soupe d'huile de tournesol (huile neutre)

400 g de farce

4 grandes feuilles de chou frisé bien lavées

5 cl de bouillon de légumes

Sel

1 Préchauffez le four à 180 °C (th. 6). Faites revenir l'ail et l'oignon dans une poêle avec l'huile, à feu assez vif. Incorporez-les à la farce.

2 Faites blanchir les feuilles de chou 3 minutes dans une grande casserole d'eau bouillante salée, puis passez-les sous l'eau froide.

3 Essuyez-les et enlevez la côte à l'aide d'un couteau.

4 Déposez un quart de la farce sur chaque feuille et repliez pour empaqueter la farce. Pour que cela tienne bien, placez la pointe de la feuille de fermeture dessous.

5 Déposez ces choux farcis dans un plat creux, arrosez de bouillon et enfournez pour 20 minutes.

Vous pouvez servir ces choux accompagnés de petites pommes de terre vapeur !

Endives au jambon

Pour 4 personnes
Préparation : 5 min
Cuisson : 30 min

4 endives nettoyées
4 petites tranches de jambon
120 g de béchamel
30 g de gruyère râpé

1 Préchauffez le four à 210 °C (th. 7). Faites cuire les endives 15 minutes dans une casserole d'eau salée, puis égouttez-les bien sur du papier absorbant.

2 Enroulez les tranches de jambon autour des endives.

3 Déposez-les dans un plat. Ajoutez la sauce Béchamel et le fromage râpé.

4 Enfournez pour 15 minutes en surveillant bien la cuisson.

Vous pouvez rendre ces endives encore plus onctueuses en remplaçant le gruyère par du fromage à tartiner !

Moules marinière

Pour 4 personnes
Préparation : 5 min
Cuisson : 6 min

30 g de beurre
2 échalotes hachées
2 l de moules
15 cl de vin blanc sec
4 tiges de persil haché
1 cuil. à café de farine
Poivre

1 Faites fondre le beurre dans une casserole avec les échalotes. Laissez cuire 3 minutes en remuant de temps et temps.

2 Ajoutez les moules, le vin, le persil et poivrez. Faites cuire 3 minutes, le temps que les moules s'ouvrent, en remuant de temps en temps.

3 Retirez les moules, ajoutez la farine au jus et fouettez, sur le feu, jusqu'à ce qu'il épaississe légèrement.

4 Servez les moules et arrosez-les de jus.

Vous pouvez servir vos moules dans leur coquille ou les décoquiller à moitié.

Poulet au curry

Pour 4 personnes
Préparation : 10 min
Cuisson : 20 min

---

20 g de beurre

2 oignons émincés finement

4 blancs de poulet coupés en cubes

2 cuil. à café de curry en poudre

40 cl de lait de coco

360 g de riz

Sel et poivre

1 Faites chauffer le beurre à feu moyen dans une sauteuse. Ajoutez les oignons et faites-les revenir 3 minutes en remuant régulièrement.

2 Ajoutez le poulet, salez, poivrez et faites cuire 3 minutes, en remuant régulièrement, sans laisser colorer la viande.

3 Saupoudrez le curry et mélangez.

4 Versez le lait de coco, remuez, couvrez et laissez mijoter 10 minutes en remuant de temps en temps.

5 Découvrez et laissez la cuisson se poursuivre 3 minutes.

6 Faites cuire le riz selon le temps indiqué sur le paquet, pendant la cuisson de la viande.

7 Servez le curry avec le riz.

Vous pouvez réaliser ce curry avec de la dinde à la place du poulet !

Chili con carne

Pour 4 personnes
Préparation : 5 min
Cuisson : 26 min

1 oignon haché

1 gousse d'ail hachée

1 bouquet garni

1 cuil. à soupe d'huile

250 g de viande hachée

1 cuil. à café de paprika

2 branches d'origan effeuillées

½ cuil. à café de cumin en poudre

500 g de haricots rouges égouttés

400 g de tomates concassées

Sel et poivre

1 Faites revenir l'oignon, l'ail et le bouquet garni avec l'huile, 3 minutes dans une poêle, à feu assez vif.

2 Ajoutez la viande et mélangez 3 minutes pour l'émietter.

3 Mettez le paprika, l'origan, le cumin, salez, poivrez et remuez.

4 Ajoutez les haricots et les tomates. Couvrez et laissez cuire 20 minutes.

Servez le chili avec du cheddar râpé et du Tabasco® et laissez chacun se servir à son goût !

Tajine d'agneau aux fruits secs

Pour 4 personnes
Préparation : 10 min
Cuisson : 52 min

---

800 g de viande d'agneau coupée en cubes
1 cuil. à soupe d'huile d'olive
1 gros oignon émincé
1 cuil. à café de ras el-hanout
1 bouquet garni
30 cl de bouillon de légumes
1 cuil. à soupe de miel liquide
180 g d'abricots secs
Sel et poivre

1. Faites revenir la viande de tous côtés avec l'huile 3 minutes dans une cocotte à feu vif.
2. Ajoutez l'oignon et faites revenir 3 minutes de plus.
3. Ajoutez le ras el-hanout, le bouquet garni, le bouillon de légumes, salez et poivrez. Mélangez 3 minutes.
4. Baissez le feu et laissez cuire 30 minutes à couvert.
5. Versez le miel et délayez-le bien dans la sauce.
6. Ajoutez les abricots, mélangez et faites cuire encore 12 minutes à découvert.

N'hésitez pas à varier les fruits secs et à utiliser par exemple des dattes ou des figues !

Ratatouille

Pour 6 à 8 personnes
Préparation : 10 min
Cuisson : 30 min

---

2 cuil. à soupe d'huile d'olive

2 oignons coupées en morceaux

2 poivrons coupés en morceaux (de couleurs différentes si possible)

1 aubergine coupée en morceaux

2 courgettes coupées en morceaux

5 tomates coupées en morceaux

1 gousse d'ail pelée et hachée

3 feuilles de laurier

3 branches de thym

Sel et poivre

1 Faites chauffer l'huile dans une grande sauteuse et faites-y revenir les oignons à feu moyen, 3 minutes en remuant de temps en temps.

2 Ajoutez les poivrons et l'aubergine, laissez cuire 3 minutes en remuant de temps en temps.

3 Ajoutez les courgettes, laissez cuire encore 3 minutes en remuant de temps en temps, délicatement.

4 Ajoutez les tomates, l'ail et les aromates, salez et poivrez.

5 Laissez cuire à couvert 20 minutes, en remuant régulièrement.

Pour accentuer les saveurs de cette ratatouille, ajoutez quelques feuilles de basilic grossièrement hachées à la fin de la cuisson !

Pot-au-feu

Pour 4 personnes
Préparation : 5 min
Cuisson : 2 h

---

400 g de plat de côtes

600 g de gîte

1 oignon

3 clous de girofle

1 gousse d'ail pelée et coupée en deux

1 bouquet garni

1 blanc de poireau coupé en tronçons

2 carottes coupées en tronçons

2 navets coupés en quatre

480 g de pommes de terre épluchées et coupées en morceaux

4 morceaux d'os à moelle

Sel et poivre

1 Versez 2 litres d'eau dans une cocotte, ajoutez les deux viandes, l'oignon piqué des clous de girofle, l'ail et le bouquet garni, portez à ébullition, puis salez et poivrez.

2 Baissez le feu et laissez cuire à petits frémissements 1 heure 30.

3 Ajoutez tous les légumes et laissez cuire encore 30 minutes.

4 Ajoutez les os à moelle 10 minutes avant la fin de la cuisson.

Pour une viande plus savoureuse, faites toujours chauffer l'eau avant d'ajouter la viande et les aromates !

Goulasch

Pour 4 personnes
Préparation : 15 min
Cuisson : 2 h

---

1 cuil. à soupe d'huile neutre

800 g de viande de bœuf (gîte) coupée en gros cubes

1 oignon coupé en cubes

1 poivron rouge coupé en cubes

1 gousse d'ail coupée en morceaux

1 cuil. à soupe de paprika

3 feuilles de laurier

50 cl de bouillon de bœuf

500 g de pommes de terre à chair ferme épluchées

400 g de tomates concassées

1 Faites chauffer l'huile dans une cocotte à feu assez vif. Faites-y revenir la viande, l'oignon, le poivron et l'ail 3 minutes, en remuant régulièrement.

2 Ajoutez le paprika et le laurier et remuez 1 minute.

3 Versez le bouillon et laissez cuire 1 heure 30 à petits bouillons, à couvert.

4 Ajoutez les pommes de terre et les tomates, et faites cuire encore 30 minutes à découvert.

Parsemez quelques herbes fraîches avant de servir, persil ou cerfeuil, par exemple !

Riz cantonais

Pour 4 personnes
Préparation : 5 min
Cuisson : 15 min
Repos : 3 min

---

240 g de riz basmati

20 crevettes

60 g de petits pois

1 cuil. à soupe d'huile neutre

3 œufs

120 g de jambon coupé en cubes de 1 cm

Sel et poivre

1 Faites cuire le riz dans une grande quantité d'eau salée selon le temps indiqué sur le paquet.

2 Faites cuire les crevettes, pendant la cuisson du riz, dans une casserole d'eau bouillante salée. Après 2 minutes de cuisson, ajoutez les petits pois et laissez cuire encore 2 minutes.

3 Faites chauffer l'huile dans une grande sauteuse. Cassez-y les œufs et mélangez-les avec une spatule jusqu'à ce qu'ils soient cuits mais encore baveux.

4 Ajoutez, hors du feu, le riz, les petits pois, le jambon, les crevettes, mélangez bien.

5 Couvrez et laissez reposer 3 minutes avant de servir.

Pour donner du croustillant à votre riz cantonais, faites-le d'abord sauter avec 1 cuillerée à soupe d'huile !

Aligot

Pour 4 personnes
Préparation : 20 min
Cuisson : 20 min

---

1 kg de pommes de terre épluchées et coupées en gros morceaux

200 g de crème fraîche épaisse

400 g de tome fraîche coupée en tranches fines

Sel

1 Faites cuire les pommes de terre 20 minutes dans de l'eau bouillante salée.

2 Égouttez-les et passez-les au presse-purée.

3 Prélevez 10 cl d'eau de cuisson, ajoutez-les à la purée et mélangez, puis ajoutez la crème fraîche et mélangez encore.

4 Ajoutez la tome et mélangez jusqu'à obtenir une purée onctueuse.

L'aligot ne se réchauffe pas, préparez juste ce qu'il faut !

Tartiflette

Pour 4 personnes
Préparation : 15 min
Cuisson : 30 min

---

1 kg de pommes de terre

2 oignons pelés et émincés finement

1 gousse d'ail pelée et écrasée

150 g de lardons fumés

20 g de beurre

10 cl de vin blanc

4 cuil. à soupe de crème fraîche épaisse

1 reblochon coupé en tranches d'environ 1 cm

Poivre

1 Faites cuire les pommes de terre 20 minutes dans une casserole d'eau bouillante salée.

2 Égouttez-les, épluchez-les et coupez-les en tranches.

3 Préchauffez le four à 180 °C (th. 6). Faites revenir les oignons, l'ail et les lardons avec le beurre, 6 minutes dans une poêle à feu moyen, en remuant de temps en temps.

4 Versez le vin et remuez 1 minute.

5 Déposez la moitié des pommes de terre dans un plat à gratin. Versez la moitié du mélange d'oignons et de lardons et poivrez. Ajoutez 2 cuillerées à soupe de crème fraîche. Couvrez avec la moitié des tranches de reblochon. Recommencez pour former une seconde couche.

6 Enfournez pour 30 minutes.

Pour la tartiflette, préférez les pommes de terre à chair assez ferme !

Gratin de gnocchis

Pour 4 personnes
Préparation : 5 min
Cuisson : 20 min

---

700 g de gnocchis

20 cl de crème liquide entière

½ gousse d'ail écrasée

45 g de parmesan râpé

5 g de beurre
coupé en tout petits dés

1 tige de basilic effeuillée

Sel et poivre

1 Préchauffez le four à 180 °C (th. 6). Faites cuire les gnocchis selon le temps indiqué sur le paquet. Égouttez-les et déposez-les dans un plat.

2 Mélangez la crème, l'ail et 30 g de parmesan, salez et poivrez.

3 Versez le mélange sur les gnocchis, remuez et parsemez le reste de parmesan, puis le beurre.

4 Enfournez pour 12 minutes. Parsemez de basilic avant de servir.

Vous pouvez utiliser d'autres fromages, gruyère, comté ou fromage basque !

Tian

Pour 4 personnes
Préparation : 10 min
Cuisson : 1 h 30

2 oignons coupés en fines rondelles

2 tomates coupées en fines rondelles

1 courgette coupée en fines rondelles

1 aubergine coupée en fines rondelles

1 gousse d'ail coupée en lamelles

4 tiges de thym effeuillées

1 cuil. à soupe d'huile d'olive

Sel et poivre

1 Préchauffez le four à 180 °C (th. 6). Disposez tous les légumes et l'ail dans un plat en les alternant.

2 Parsemez la moitié du thym, salez et poivrez.

3 Arrosez d'huile. Enfournez pour 1 heure 30.

4 Parsemez le reste du thym et servez.

Vous pouvez remplacer le thym par des herbes de Provence séchées.

Omelette soufflée au fromage

Pour 4 personnes
Préparation : 5 min
Cuisson : 35 min

8 œufs
15 cl de crème liquide entière
120 g de fromage râpé
10 g de beurre
Sel et poivre

1 Préchauffez le four à 180 °C (th. 6). Fouettez les œufs et la crème jusqu'à obtenir un mélange bien mousseux.

2 Ajoutez le fromage, salez un peu, poivrez et mélangez.

3 Beurrez un plat rond d'environ 20 cm de diamètre. Versez la préparation dans le plat.

4 Enfournez pour 35 minutes. Servez sans attendre.

Choisissez le fromage râpé selon votre goût : le gruyère sera plus doux, le comté plus marqué !

Lotte à l'armoricaine

Pour 4 personnes
Préparation : 10 min
Cuisson : 25 min

1 gousse d'ail coupée en deux

4 échalotes coupées en deux

4 tiges de persil

20 g de beurre

4 tranches de queue de lotte (8 si elles sont petites)

2 cuil. à soupe de cognac

10 cl de vin blanc

1 cuil. à soupe de concentré de tomates

400 g de tomates concassées

Quelques pincées de piment de Cayenne

Quelques filaments de safran

1 Mixez rapidement l'ail, les échalotes et le persil, puis faites-les revenir 3 minutes dans une poêle avec le beurre, à feu assez vif.

2 Ajoutez les tranches de lotte et faites-les revenir 3 minutes en les remuant de temps en temps.

3 Augmentez à feu vif, versez le cognac et faites-le flamber.

4 Baissez le feu, ajoutez le vin blanc, le concentré de tomates, les tomates concassées, le piment de Cayenne et le safran, mélangez le tout et laissez cuire 20 minutes à couvert.

5 Retirez les morceaux de lotte, mixez rapidement la sauce au mixeur plongeant, remettez les morceaux de lotte et servez.

Vous pouvez servir la lotte avec du riz blanc !

Salade de riz

Pour 4 personnes
Préparation : 15 min
Cuisson : 10 min

180 g de riz

120 g de thon à l'huile d'olive

60 g de poivron rouge coupé en dés (à peine ½ poivron)

60 g de poivron vert coupé en dés (à peine ½ poivron)

60 g de tomates cerises coupées en deux

60 g de concombre coupé en dés (à peine ¼ de concombre)

60 g de maïs égoutté

Pour la vinaigrette

3 cuil. à soupe d'huile d'olive de la boîte de thon

1 cuil. à soupe de vinaigre de cidre

1 cuil. à soupe de moutarde

Sel et poivre

1 Faites cuire le riz selon le temps indiqué sur le paquet.

2 Fouettez tous les ingrédients de la vinaigrette.

3 Mélangez, dans un grand saladier, le riz, le thon et les légumes.

4 Ajoutez la vinaigrette et mélangez une dernière fois.

Oubliez le thon et faites une salade qui plaira même aux végétariens !

Soupe de poissons

Pour 4 personnes
Préparation : 5 min
Cuisson : 36 min

1 oignon haché

1 gousse d'ail hachée

1 bouquet garni

1 cuil. à soupe d'huile d'olive + 1 filet

400 g de tomates concassées

800 g de poissons mélangés coupés en tronçons (saumon, cabillaud, rouget...)

2 ou 3 pincées de pistils de safran ou de safran en poudre

30 cl de fumet de poisson

1 petit bol de croûtons pour servir

Sel et poivre

1 Faites revenir, dans une grande sauteuse à feu assez vif, l'oignon, l'ail et le bouquet garni avec l'huile, 3 minutes en remuant régulièrement.

2 Ajoutez les tomates, les poissons et le safran et faites cuire 3 minutes, en remuant régulièrement.

3 Ajoutez le fumet de poisson, salez et poivrez, et laissez cuire à couvert 30 minutes.

4 Retirez les plus gros morceaux de poisson de la soupe, déposez-les dans une assiette et enlevez éventuellement les arêtes.

5 Mixez finement le contenu de la sauteuse au mixeur plongeant, puis remettez les morceaux de poisson.

6 Servez la soupe avec les croûtons, en l'arrosant éventuellement d'un filet d'huile d'olive.

Pour enrichir les parfums de cette soupe, ajoutez, avec les oignons, un demi-fenouil émincé finement !

Tarte aux pommes

Pour 6 personnes
Préparation : 10 min
Cuisson : 30 min
Repos : 15 min

---

1 rouleau de pâte sablée

600 g de pommes

2 cuil. à soupe de jus de citron

200 g de compote de pommes

2 cuil. à soupe de gelée de groseilles

1 Préchauffez le four à 180 °C (th. 6). Déroulez la pâte dans un moule de 26 cm de diamètre.

2 Pelez et coupez les pommes en fins quartiers. Arrosez-les de jus de citron.

3 Étalez la compote sur la pâte. Déposez les quartiers de pomme.

4 Enfournez pour 30 minutes.

5 Badigeonnez les pommes encore chaudes de gelée de groseilles à l'aide d'un pinceau. Laissez la tarte refroidir.

Vous pouvez utiliser d'autres gelées de fruits, comme la gelée de coing !

Crumble aux pommes

Pour 4 à 6 personnes
Préparation : 10 min
Cuisson : 30 min

90 g de beurre froid

90 g de sucre roux en poudre

90 g de farine

1 kg de pommes coupées en cubes

2 ou 3 pincées de cannelle

1 Préchauffez le four à 180 °C (th. 6). Mélangez du bout des doigts, dans un saladier, le beurre, le sucre et la farine jusqu'à obtenir un mélange sableux.

2 Mélangez les pommes avec la cannelle.

3 Déposez les pommes dans un moule et recouvrez-les du crumble.

4 Enfournez pour 30 minutes.

Vous pouvez donner plus d'exotisme à votre crumble en remplaçant la cannelle par de la cardamome en poudre !

Bananes flambées

Pour 4 personnes
Préparation : 5 min
Cuisson : 5 min

60 g de sucre en poudre
4 bananes pelées et coupées en deux dans la longueur
20 g de beurre
2 cuil. à soupe de rhum

1 Versez le sucre dans une assiette. Roulez les demi-bananes dans le sucre en insistant bien pour qu'il adhère au fruit.

2 Faites chauffer le beurre dans une grande poêle à feu assez vif et, quand il est bien chaud, déposez-y les demi-bananes.

3 Faites-les dorer d'un côté, jusqu'à ce que le sucre caramélise, comptez 1 ou 2 minutes. Retournez les bananes et faites-les dorer de l'autre côté.

4 Versez le rhum dans la poêle et faites flamber aussitôt.

5 Déposez les bananes dans les assiettes, arrosez-les éventuellement du beurre de cuisson au rhum et dégustez sans attendre.

Pour parfumer encore plus les bananes, remplacez le sucre par du sucre vanillé !

Tarte aux fraises

Pour 4 personnes
Préparation : 15 min
Cuisson : 25 min
Repos : 20 min

1 rouleau de pâte sablée

300 g de fraises équeutées et coupées en deux

1 cuil. à soupe de gelée de groseilles

Beurre et farine pour le moule

Pour la crème pâtissière

2 jaunes d'oeufs

40 g de sucre

1 gousse de vanille fendue en deux

40 g de farine

30 cl de lait chaud

1 Préchauffez le four à 180 °C (th. 6). Déroulez la pâte dans un moule à tarte d'environ 25 cm de diamètre, beurré et fariné. Recouvrez-la d'une feuille de papier cuisson. Garnissez de poids (farine, légumes secs...) et enfournez pour une vingtaine de minutes. Retirez la feuille et les poids et laissez refroidir.

2 Préparez la crème pâtissière. Dans une casserole hors du feu, fouettez les jaunes d'œufs avec le sucre.

3 Grattez la gousse de vanille au-dessus de la casserole, ajoutez la farine et fouettez.

4 Versez le lait chaud en fouettant toujours. Faites chauffer à feu moyen, de 3 à 5 minutes, en remuant régulièrement, jusqu'à ce que la crème épaississe.

5 Versez dans un plat, filmez et laissez refroidir.

6 Étalez la crème sur le fond de tarte, disposez les fraises par-dessus.

7 Faites fondre la gelée au micro-ondes et badigeonnez-en les fraises à l'aide d'un pinceau. Dégustez sans attendre.

Vous pouvez préparer le fond de tarte et la crème à l'avance, et monter la tarte au dernier moment.

Gâteau aux poires

Pour 6 personnes
Préparation : 10 min
Cuisson : 55 min

4 demi-poires au sirop

120 g de beurre mou
+ un peu pour le moule

120 g de sucre en poudre

3 œufs, blancs
et jaunes séparés

170 g de farine tamisée
+ un peu pour le moule

30 g d'amandes en poudre

½ sachet de levure

1 Préchauffez le four à 180 °C (th. 6). Réservez le sirop des poires, coupez celles-ci en cubes de 2 cm environ.

2 Fouettez le beurre avec le sucre. Ajoutez les jaunes d'œufs et fouettez encore.

3 Mélangez la farine tamisée, les amandes et la levure dans un petit saladier.

4 Incorporez la moitié de ce mélange à la pâte. Ajoutez 12 cl du sirop des poires, puis le reste du mélange farine-amandes.

5 Fouettez les blancs en neige et incorporez-les délicatement.

6 Versez cette préparation dans un moule rond d'environ 26 cm de diamètre, beurré et fariné.

7 Déposez les morceaux de poire dans la pâte en les enfonçant légèrement. Enfournez pour 55 minutes.

Vous pouvez réaliser le même gâteau avec des pêches !

Flan pâtissier

Pour 4 à 6 personnes
Préparation : 15 min
Cuisson : 40 min
Repos : 1 h

50 cl de lait
25 cl de crème liquide
1 cuil. à café d'extrait de vanille
5 jaunes d'œufs
120 g de sucre en poudre
50 g de fécule de maïs
1 pâte sablée
Beurre et farine pour le moule

1 Versez dans un saladier le lait, la crème liquide et l'extrait de vanille et faites-les chauffer au micro-ondes.

2 Fouettez dans une grande casserole les jaunes d'œuf, le sucre et la fécule de maïs, jusqu'à obtenir une crème mousseuse.

3 Versez en filet, par-dessus, le contenu du saladier, tout en fouettant.

4 Mettez la casserole sur feu moyen et faites épaissir la crème 5 minutes environ, en remuant constamment. Laissez tiédir.

5 Préchauffez le four à 180 °C (th. 6). Tapissez un moule rond d'environ 20 cm de diamètre, beurré et fariné, avec la pâte sablée.

6 Piquez le fond de tarte, puis versez la crème du saladier sur la pâte.

7 Enfournez pour 40 minutes.

8 Laissez tiédir, démoulez délicatement, puis laissez refroidir avant de déguster

N'hésitez pas à préparer ce flan à l'avance, ou même la veille, il n'en sera que meilleur !

Petits fars aux pruneaux

Pour 4 personnes
Préparation : 10 min
Cuisson : 1 h
Repos : 30 min

---

45 g de beurre fondu
+ un peu pour le moule

60 g de sucre en poudre
+ un peu pour le moule
et le saupoudrage des fars

½ gousse de vanille

2 œufs

1 pincée de sel

35 cl de lait

80 g de farine

24 pruneaux

1 Préchauffez le four à 180 °C (th. 6). Versez dans un saladier le beurre et le sucre. Grattez au-dessus la demi-gousse de vanille fendue en deux. Fouettez bien le tout.

2 Ajoutez les œufs et le sel, et fouettez de nouveau.

3 Versez le lait et la farine en alternance et en fouettant au fur et à mesure.

4 Répartissez les pruneaux dénoyautés (ou non selon les goûts) dans 4 petits plats beurrés et sucrés (faites avec le sucre comme avec la farine pour fariner un moule).

5 Versez la pâte sur les pruneaux, puis saupoudrez d'un peu de sucre.

6 Enfournez pour 1 heure environ, en surveillant bien. Les fars doivent être pris.

7 Éteignez le four et laissez les petits fars une trentaine de minutes avant de les sortir. Laissez refroidir.

Pour un far en version familiale, choisissez simplement un grand moule !

Crèmes brûlées

Pour 4 personnes
Préparation : 5 min
Cuisson : 5 min
Réfrigération : 4 h

4 jaunes d'oeufs

½ cuil. à café d'extrait de vanille

90 g de sucre en poudre + 4 cuil. à soupe

20 g de fécule de maïs

50 cl de lait chaud

1 Fouettez, dans une casserole hors du feu, les jaunes d'œufs, l'extrait de vanille et le sucre. Ajoutez la fécule de maïs et fouettez de nouveau.

2 Versez le lait chaud en filet, sans cesser de fouetter.

3 Mettez la casserole sur un feu assez vif et remuez pendant 5 minutes environ, jusqu'à ce que la crème épaississe.

4 Versez la crème dans 4 plats ou 4 cassolettes, laissez refroidir, puis laissez prendre au frais 4 heures minimum.

5 Saupoudrez chaque crème, juste avant de servir, de 1 cuillerée à soupe de sucre. Faites-les caraméliser avec un chalumeau de cuisine ou en les passant sous un gril brûlant.

Vous pouvez remplacer la vanille par quelques pincées de cannelle.

Clafoutis aux cerises

Pour 6 personnes
Préparation : 10 min
Cuisson : 35 à 40 min

3 œufs

90 g de sucre en poudre

120 g de farine
+ un peu pour le moule

60 g de beurre fondu
+ un peu pour le moule

30 cl de lait

500 g de cerises

1 Préchauffez le four à 180 °C (th. 6). Versez les œufs dans un saladier avec le sucre, la farine, le beurre et le lait, et mélangez bien.

2 Beurrez et farinez un moule à tarte assez haut d'environ 26 cm de diamètre.

3 Déposez les cerises dans le moule, puis versez la pâte.

4 Enfournez pour 35 à 40 minutes. Mangez tiède ou froid.

Des cerises avec ou sans noyaux, c'est à vous de choisir !

Tiramisu

Pour 4 personnes
Préparation : 20 min
Réfrigération : 4 h

3 œufs, blancs et jaunes séparés

90 g de sucre en poudre

250 g de mascarpone

10 cl de café

1 cuil. à soupe d'amaretto

1 dizaine de boudoirs

40 g de chocolat noir

1 Battez les blancs d'œufs en neige.

2 Fouettez les jaunes d'œufs avec le sucre. Ajoutez le mascarpone et mélangez.

3 Incorporez les blancs en neige petit à petit, délicatement.

4 Mélangez le café et l'amaretto dans une assiette creuse.

5 Mettez dans un moule une couche de crème, puis une couche de boudoirs trempés dans le mélange café-amaretto. Répétez l'opération jusqu'à obtenir trois couches de crème et deux de biscuits.

6 Râpez le chocolat sur le dessus.

7 Réservez au réfrigérateur 4 heures minimum avant de déguster.

Vous pouvez remplacer l'amaretto par du marsala !

Panna cotta

Pour 4 personnes
Préparation : 5 min
Cuisson : 3 min
Réfrigération : 2 h

4 feuilles de gélatine
30 cl de crème liquide entière
15 cl de lait
60 g de sucre en poudre
4 cuil. à soupe de coulis de framboises

1 Faites tremper les feuilles de gélatine dans un bol d'eau froide.

2 Versez dans une casserole la crème, le lait et le sucre, et portez à ébullition.

3 Ajoutez les feuilles de gélatine essorées, retirez du feu et mélangez jusqu'à ce que la gélatine soit bien fondue.

4 Répartissez la panna cotta dans des verrines et laissez prendre 2 heures au frais.

5 Versez le coulis de framboises sur les panna cotta juste avant de servir.

Pour varier la saveur de vos panna cotta, il suffit de changer de coulis !

Mousse au chocolat

Pour 6 personnes
Préparation : 15 min
Cuisson : 1 min
Réfrigération : 4 h

200 g de chocolat noir haché grossièrement ou cassé en morceaux

30 g de beurre

5 œufs, blancs et jaunes séparés

1 Faites fondre le chocolat et le beurre au micro-ondes et mélangez-les à la spatule.

2 Montez les blancs d'œufs en neige bien ferme.

3 Laissez tiédir le chocolat, puis incorporez les jaunes d'œufs un à un.

4 Fouettez vivement un tiers des blancs en neige avec le chocolat.

5 Incorporez ensuite délicatement les blancs restants à la spatule.

6 Versez dans des ramequins, pour des portions individuelles, ou dans un saladier, et placez au réfrigérateur pour 4 heures minimum.

Dégustée le lendemain, cette mousse au chocolat sera encore plus onctueuse !

Tarte au citron

Pour 6 personnes
Préparation : 10 min
Cuisson : 25 min
Réfrigération : 1 h

---

1 pâte sablée

150 g de beurre fondu + un peu pour le moule

270 g de sucre glace

30 g de fécule de maïs

6 œufs

15 cl de jus de citron

Farine pour le moule

1 Préchauffez le four à 180 °C (th. 6). Étalez la pâte dans un moule à tarte d'environ 25 cm de diamètre, beurré et fariné. Recouvrez-la d'une feuille de papier cuisson. Garnissez de poids (farine, légumes secs...) et enfournez pour 20 minutes. Retirez la feuille et les poids et laissez refroidir.

2 Fouettez dans une grande casserole le beurre fondu, le sucre glace et la fécule de maïs. Ajoutez les œufs et fouettez de nouveau. Ajoutez le jus de citron et fouettez le tout.

3 Mettez la casserole sur feu moyen et faites épaissir la crème en fouettant constamment 5 minutes environ.

4 Versez la crème dans un plat, filmez au contact et laissez tiédir.

5 Étalez la crème sur le fond de tarte, lissez-la avec le dos d'une cuillère.

6 Réservez au frais jusqu'à complet refroidissement avant de déguster.

Vous pouvez compléter cette tarte en la recouvrant de meringue brûlée au chalumeau juste avant de servir.

Riz au lait

Pour 4 personnes
Préparation : 5 min
Cuisson : 45 à 50 min

90 g de riz rond

60 cl de lait

60 g de sucre

½ gousse de vanille fendue dans la longueur

1 Portez 1 litre d'eau à ébullition dans une casserole.

2 Versez le riz et laissez-le cuire 3 minutes. Égouttez-le.

3 Mélangez dans une autre casserole le lait, le sucre et la vanille grattée.

4 Portez à ébullition, puis baissez le feu.

5 Laissez cuire 35 à 40 minutes. N'hésitez pas à prolonger la cuisson si le riz reste trop liquide.

Saupoudrez le riz d'un peu de cannelle juste avant de le servir !

Galette des Rois

Pour 4 à 6 personnes
Préparation : 15 min
Cuisson : 25 à 30 min

---

60 g de beurre mou

60 g de sucre en poudre

1 petit œuf + 1 jaune

90 g d'amandes en poudre

2 disques de pâte feuilletée de 25 cm

1 fève

1 Préchauffez le four à 180 °C (th. 6). Mélangez dans un saladier le beurre mou, le sucre, l'œuf entier et la poudre d'amandes.

2 Étalez 1 disque de pâte sur une plaque recouverte de papier cuisson. Déposez cette crème au centre, en laissant environ 2 cm de libre sur le pourtour. Mettez la fève.

3 Versez le jaune d'œuf dans un petit bol avec 1 cuillerée à café d'eau et mélangez. Avec un pinceau, badigeonnez le bord de la pâte sans garniture.

4 Posez l'autre disque de pâte sur le premier, ajustez bien les bords et appuyez dessus pour les sceller.

5 Faites une petite cheminée au centre de la galette avec la pointe d'un couteau. Badigeonnez le dessus de jaune d'œuf

6 Décorez la galette en faisant quelques entailles au couteau.

7 Enfournez pour 25 à 30 minutes en surveillant la cuisson.

Brownie

Pour 6 à 8 personnes
Préparation : 15 min
Cuisson : 15 à 18 min

---

160 g de chocolat noir cassé en morceaux

120 g de beurre coupé en cubes + un peu pour le moule

3 œufs

160 g de sucre en poudre

120 g de farine + un peu pour le moule

3 cuil. à soupe de cacao en poudre

1 Préchauffez le four à 190 °C (th. 6/7). Mettez le chocolat et le beurre dans un saladier et faites-les fondre au micro-ondes.

2 Fouettez rapidement les œufs et le sucre dans un autre saladier, ajoutez le tout au chocolat et mélangez bien.

3 Incorporez la farine et le cacao en poudre.

4 Versez la pâte dans un moule carré d'environ 22 cm beurré et fariné.

5 Enfournez le brownie pour 15 à 18 minutes. Il doit rester moelleux au centre.

Ne faites pas trop cuire votre brownie si vous voulez qu'il reste fondant !

Charlotte
aux fraises

Pour 4 personnes
Préparation : 20 min
Cuisson : 30 s
Repos : 4 h

- 4 feuilles de gélatines (6 g)
- 60 g de sucre
- 300 g de fraises
- 25 à 30 boudoirs
- 18 cl de crème liquide entière

1 Mettez les feuilles de gélatine à tremper dans un bol d'eau froide.

2 Mixez ensemble le sucre et 180 g de fraises.

3 Tapissez d'une feuille de papier cuisson le fond d'un moule haut d'environ 16 cm de diamètre. Disposez les boudoirs debout sur les contours, puis dans le fond.

4 Faites chauffer 30 secondes au micro-ondes un tiers des fraises mixées.

5 Essorez la gélatine et incorporez-la aux fraises chaudes. Mélangez avec le reste des fraises. Laissez refroidir.

6 Montez la crème bien froide en chantilly et incorporez-la délicatement aux fraises mixées. Coupez en deux les fraises restantes.

7 Versez une couche de mousse à la fraise dans le moule, puis une couche de fraises. Recommencez jusqu'à obtenir 3 couches de mousse et 2 couches de fraises.

8 Placez au réfrigérateur pour 4 heures minimum, au mieux jusqu'au lendemain. Démoulez délicatement et décorez éventuellement de quelques fraises.

N'hésitez pas à remplacer les fraises par des framboises !

Gâteau au chocolat

Pour 6 personnes
Préparation : 15 min
Cuisson : 20 min

---

120 g de beurre
+ un peu pour le moule

180 g de chocolat noir

125 g de sucre

3 œufs

60 g de farine
+ un peu pour le moule

1 Préchauffez le four à 180 °C (th. 6). Faites fondre le beurre et le chocolat au micro-ondes.

2 Fouettez dans un saladier les œufs et le sucre.

3 Incorporez le mélange chocolat-beurre, puis la farine.

4 Versez la pâte dans un moule beurré et fariné de 22 cm de diamètre.

5 Enfournez pour 20 minutes. Vérifiez la cuisson avec la pointe d'un couteau.

N'hésitez pas à remplacer le chocolat noir par du chocolat au lait !

Poires Belle-Hélène

Pour 4 personnes
Préparation : 10 min
Cuisson : 10 min
Repos : 30 min

---

120 g de sucre

1 gousse de vanille coupée en deux dans la longueur

4 poires

120 g de chocolat noir en morceaux

1 cuil. à soupe d'amandes effilées

1 Faites chauffer 1 litre d'eau, le sucre et la gousse de vanille dans une casserole.

2 Pelez les poires, mettez-les dans la casserole et faites cuire une dizaine de minutes à petits bouillons. Laissez-les refroidir dans le sirop.

3 Faites fondre le chocolat au micro-ondes et mélangez-le pour le lisser.

4 Déposez les poires dans une assiette quand elles sont refroidies.

5 Arrosez-les de chocolat fondu et parsemez-les d'amandes effilées.

Vous pouvez aromatiser les poires en ajoutant 2 cuillerées à soupe de rhum dans le sirop.

Tarte au chocolat

Pour 6 personnes
Préparation : 15 min
Cuisson : 20 min
Réfrigération : 2 h

---

1 rouleau de pâte sablée

200 g de chocolat noir haché grossièrement

20 cl de crème liquide entière

10 g de miel liquide

60 g de beurre mou + un peu pour le moule

Farine pour le moule

1 Préchauffez le four à 180 °C (th. 6). Déroulez la pâte dans un moule à tarte d'environ 25 cm de diamètre, beurré et fariné. Recouvrez-la d'une feuille de papier cuisson. Garnissez de poids (farine, légumes secs...) et enfournez pour 20 minutes. Retirez la feuille et les poids et laissez refroidir.

2 Déposez le chocolat dans un bol. Faites chauffer la crème au micro-ondes et versez-la sur le chocolat. Couvrez d'une assiette et attendez que le chocolat fonde (comptez environ 3 minutes) et mélangez.

3 Ajoutez le miel et le beurre, et mélangez encore.

4 Versez la préparation sur la pâte et placez au réfrigérateur pour 2 bonnes heures.

Variez les plaisirs en variant les chocolats !

Crêpes Suzette

Pour 12 petites crêpes
Préparation : 10 min
Cuisson : 30 min

1 cuil. à soupe de sucre en poudre

3 œufs

50 cl de lait

200 g de farine

Pour la sauce

90 g de beurre

90 g de sucre

22 cl de jus d'orange

3 cuil. à soupe de Grand Marnier®

1 Fouettez le sucre et les œufs. Ajoutez le lait et la farine alternativement en fouettant jusqu'à obtenir une pâte lisse.

2 Faites cuire les crêpes dans une poêle légèrement beurrée et réservez-les.

3 Faites chauffer dans une petite poêle, à feu assez vif, le beurre, le sucre et le jus d'orange, 6 minutes en remuant régulièrement.

4 Ajoutez le Grand Marnier® en faisant attention aux projections. Faites éventuellement flamber.

5 Placez une crêpe dans la poêle de cuisson à feu moyen, arrosez-la de sauce, retournez-la, arrosez encore de sauce, pliez-la en quatre et déposez-la dans une assiette.

6 Recommencez avec les autres crêpes. Servez immédiatement.

Si vous souhaitez des crêpes plus légères, remplacez 5 cl de lait par 5 cl de bière.

Flognarde

Préparation : 15 min
Cuisson : 45 min

1 kg de pommes

20 g de beurre
+ un peu pour le moule

2 sachets de sucre vanillé

3 œufs

30 cl de lait

7 cl de crème liquide

90 g de farine
+ un peu pour le moule

60 g de sucre en poudre

1 Préchauffez le four à 180 °C (th. 6). Pelez et coupez les pommes en morceaux.

2 Faites chauffer le beurre dans une poêle et faites-y sauter les pommes, à feu assez vif, jusqu'à ce qu'elles soient bien colorées.

3 Ajoutez le sucre vanillé, remuez, laissez-le fondre tout en remuant.

4 Retirez du feu et répartissez les pommes dans un moule beurré et fariné.

5 Mélangez bien, dans un saladier, les œufs, le lait, la crème liquide, la farine et le sucre.

6 Versez cette pâte sur les pommes, puis enfournez pour 40 minutes.

La flognarde peut aussi se préparer avec des poires !

Îles flottantes

Pour 4 personnes
Préparation : 10 min
Cuisson : 5 min

Pour la crème

4 jaunes d'œufs

60 g de sucre

1 cuil. à soupe de fécule de maïs

60 g de lait demi-écrémé

½ gousse de vanille fendue en deux

Pour les îles flottantes

3 blancs d'œufs

2 cuil. à soupe de sucre glace

Quelques gouttes d'huile

2 cuil. à soupe de caramel liquide

1 Fouettez les jaunes d'œufs avec le sucre dans une casserole. Ajoutez la fécule de maïs et fouettez de nouveau.

2 Mettez le lait dans un bol. Grattez au dessus la gousse de vanille et mélangez.

3 Faites chauffer le lait au micro-ondes. Versez-le sur la crème dans la casserole et faites épaissir à feu moyen en remuant au fouet.

4 Fouettez les blancs d'œufs en neige avec le sucre glace.

5 Huilez légèrement 4 petits bols et remplissez-les de blancs en neige. Passez-les 20 secondes au micro-ondes.

6 Répartissez la crème anglaise dans les assiettes. Placez dessus les blancs en neige en les démoulant et versez le caramel.

Si vous manquez de temps, utilisez de la crème anglaise toute prête !

Kouglof

Pour 6 personnes
Préparation : 20 min
Cuisson : 45 à 50 min
Repos : 1 h 30

15 g de levure fraîche
10 cl de lait
250 g de farine
1 œuf battu
60 g de sucre en poudre
90 g de beurre
1 pincée de sel
12 amandes entières
+ un peu pour le moule
30 g de raisins secs

1 Préchauffez le four à 180 °C (th. 6). Battez la levure et le lait au batteur muni d'un crochet.

2 Ajoutez la farine, l'œuf, le sucre, le beurre et le sel. Faites tourner le batteur à petite vitesse une douzaine de minutes.

3 Couvrez le bol et laissez lever 1 bonne heure.

4 Beurrez généreusement un moule à kouglof, placez les amandes au fond du moule.

5 Aplatissez la pâte, répartissez les raisins à la surface et repliez la pâte 2 ou 3 fois sur elle-même.

6 Déposez-la dans le moule et tassez-la bien. Laissez-la de nouveau lever 30 minutes.

7 Enfournez pour 45 à 50 minutes.

Vous pouvez parfumer ce kouglof avec 1 cuillerée à soupe de rhum.

Mille-feuilles

Pour 4 personnes
Préparation : 10 min
Cuisson : 25 min
Repos : 30 min

---

250 g de pâte feuilletée

3 cuil. à soupe de sucre glace

Pour la crème

2 jaunes d'œufs

40 g de sucre

1 gousse de vanille fendue en deux

40 g de farine

30 cl de lait chaud

1 Fouettez, dans une casserole hors du feu, les jaunes d'œufs avec le sucre. Grattez la gousse de vanille au-dessus de la casserole, ajoutez la farine et fouettez.

2 Versez le lait chaud sans cesser de fouetter. Faites chauffer à feu moyen en remuant régulièrement 3 à 5 minutes, jusqu'à ce que la crème pâtissière épaississe. Versez dans un plat, filmez et laissez refroidir 30 minutes.

3 Préchauffez le four à 180 °C (th. 6). Étalez la pâte sur une feuille de papier cuisson posée sur une plaque de manière à obtenir un rectangle de 38 par 26 cm. Piquez régulièrement la pâte à l'aide d'une fourchette. Posez par-dessus une autre feuille de papier cuisson et une autre plaque, et enfournez pour 20 minutes.

4 Enlevez la plaque et la feuille de dessus. À l'aide d'un grand couteau bien affûté, coupez 1 cm sur les 4 côtés du rectangle pour les égaliser. Puis coupez 3 rectangles de 12 par 24 cm.

5 Étalez la moitié de la crème pâtissière sur un des rectangles de pâte, posez un autre rectangle dessus, étalez la crème pâtissière restante et ajoutez enfin le dernier rectangle de pâte.

6 Saupoudrez de sucre glace. Partagez en quatre avant de servir.

Vous pouvez aromatiser ces mille-feuilles au citron en remplaçant la vanille par 1 cuillerée à café de zeste de citron râpé finement.

Gâteaux de semoule

Pour 4 personnes
Préparation : 10 min
Cuisson : 35 min
Repos : 20 min

60 cl de lait

90 g de sucre

½ gousse de vanille fendue en deux dans la longueur

90 g de semoule

3 œufs

4 cuil. à soupe de caramel liquide

Beurre pour les moules

1 Préchauffez le four à 180 °C (th. 6). Mélangez dans une casserole le lait, le sucre, la vanille grattée, et portez à ébullition.

2 Coupez le feu et versez la semoule. Mélangez bien, couvrez et laissez reposer 10 minutes.

3 Battez les œufs et versez-les dans la préparation tout en mélangeant.

4 Répartissez la pâte dans des petits moules beurrés et enfournez pour 30 minutes.

5 Laissez-les refroidir 10 minutes minimum. Arrosez-les de caramel avant de déguster.

Vous pouvez remplacer la vanille par quelques pincées de cannelle !

Gâteau au yaourt

Pour 6 personnes
Préparation : 10 min
Cuisson : 30 min

---

1 yaourt

3 œufs

2 pots de yaourt de farine
+ un peu pour le moule

2 pots à yaourt de sucre

½ pot d'huile neutre

1 cuil. à café rase
de levure chimique

Beurre pour le moule

1 Préchauffez le four à 180 °C (th. 6).

2 Mélangez dans un saladier le yaourt, les œufs, la farine, le sucre, l'huile et la levure jusqu'à obtenir une pâte lisse.

3 Versez la pâte dans un moule beurré et fariné d'environ 20 cm de diamètre.

4 Enfournez pour 30 minutes.

Pour apporter une note rafraîchissante à ce gâteau, ajoutez un peu de zeste de citron ou d'orange.

Marbré au chocolat

Pour 4 personnes
Préparation : 20 min
Cuisson : 40 min
Repos : 15 min

- 3 œufs, blancs et jaunes séparés
- 180 g de beurre + un peu pour le moule
- 180 g de sucre en poudre
- 180 g de farine + un peu pour le moule
- 1 cuil. à café de levure chimique
- 1 gousse de vanille fendue en deux
- 2 cuil. à soupe de cacao

1 Préchauffez le four à 180 °C (th. 6). Battez les blancs d'œufs en neige bien ferme.

2 Battez le beurre et le sucre jusqu'à obtenir un mélange homogène et bien mousseux.

3 Incorporez les jaunes d'œufs un à un. Ajoutez la farine tamisée et la levure, mélangez. Incorporez délicatement les blancs en neige en soulevant bien la pâte avec une maryse.

4 Séparez la pâte dans deux saladiers. Grattez la gousse de vanille au-dessus de l'un des saladiers et mélangez. Ajoutez le cacao dans l'autre saladier et mélangez.

5 Beurrez et farinez un moule à cake. Versez une couche de pâte à la vanille, puis une couche fine de pâte au cacao, puis recommencez en alternant les deux pâtes.

6 Enfournez pour 40 minutes environ. Laissez tiédir avant de démouler.

Vous pouvez aromatiser la partie sans chocolat avec quelques gouttes d'extrait de vanille ou d'amande !

Roulé à la vanille

Pour 4 personnes
Préparation : 20 min
Cuisson : 20 à 25 min
Réfrigération : 1 h

4 œufs, blancs et jaunes séparés

100 g de sucre glace + un peu pour la finition

100 g de farine tamisée

Pour la crème pâtissière

2 jaunes d'œufs

40 g de sucre

1 gousse de vanille fendue en deux

40 g de farine

30 cl de lait chaud

1 Préparez la crème pâtissière. Fouettez, dans une casserole hors du feu, les jaunes d'œufs avec le sucre. Grattez la gousse de vanille au-dessus de la casserole, ajoutez la farine et fouettez. Versez le lait chaud sans cesser de fouetter.

2 Faites chauffer à feu moyen, en remuant régulièrement, de 3 à 5 minutes jusqu'à ce que la crème épaississe. Versez dans un plat, filmez et laissez refroidir.

3 Préchauffez le four à 180 °C (th. 6). Versez les jaunes d'œufs et le sucre glace dans un saladier et fouettez jusqu'à obtenir une mousse. Incorporez la farine délicatement.

4 Fouettez les blancs d'œufs en neige bien ferme, puis incorporez-les délicatement à la pâte.

5 Étalez la pâte sur une plaque recouverte d'une feuille de papier cuisson. Enfournez pour 15 minutes.

6 Humidifiez un torchon, étalez-le, puis retournez le biscuit dessus. Tirez doucement sur la feuille de papier pour la décoller.

7 Roulez le biscuit dans le torchon, puis déroulez-le, coupez les bords sur environ 1 cm pour l'égaliser, puis déposez le biscuit sur un film alimentaire.

8 Recouvrez-le de crème, puis roulez de nouveau en vous aidant du film. Fermez le film et mettez au réfrigérateur pour 1 bonne heure.

9 Enlevez le film, saupoudrez de sucre glace et coupez de belles tranches pour servir.

Pain perdu

Pour 4 personnes
Préparation : 5 min
Cuisson : 12 min

---

1 pain brioché, de préférence un peu rassis

3 œufs

20 cl de lait

50 g de sucre en poudre

20 g de beurre

2 cuil. à soupe de sucre glace

1 Coupez 8 tranches de pain brioché d'environ 2 cm d'épaisseur.

2 Fouettez les œufs, le lait et le sucre dans un saladier.

3 Faites chauffer un peu de beurre dans une poêle antiadhésive, à feu assez vif.

4 Trempez 2 tranches de pain brioché dans le saladier en insistant bien. Faites-les dorer environ 3 minutes dans la poêle, en les retournant à mi-cuisson.

5 Déposez le pain sur une assiette. Recommencez l'opération pour les autres tranches.

6 Saupoudrez-les de sucre glace juste avant de servir.

Vous pouvez aussi utiliser des tranches de pain de mie !

Mesures utiles

1 cuillère à café

= 5 grammes de sel, sucre ou huile
= 7 grammes de beurre
= 0,5 cl de liquide
= 5 grammes de farine ou de semoule

1 cuillère à soupe

= 15 grammes de sucre, farine ou beurre
= 12 grammes de crème fraîche ou huile
= 1,5 cl de liquide
= 3 cuillères à café

1 noisette de beurre

= 4 grammes

1 noix de beurre

= 15 grammes

1 pincée de sel

= 0,3 à 0,5 gramme

1 morceau de sucre

= 5 grammes

Température du four

Thermostat	Température approximative
1	**30 °C** (à peine tiède)
2	**60 °C** (tiède)
3	**90 °C** (chaleur très douce)
4	**120 °C** (chaleur douce)
5	**150 °C** (chaleur modérée)
6	**180 °C** (chaleur moyenne)
7	**210 °C** (assez chaud)
8	**240 °C** (chaud)
9	**270 °C** (très chaud)
10	**300 °C** (chaleur vive)

Économat

Dans le placard

Sels (sel fin, gros sel, fleur de sel, sels aromatisés) et **poivres** (noir ou exotique)

Huiles de goût neutre (maïs, tournesol, colza) ou parfumées (olive, noix…)

Vinaigres (blanc, rouge, balsamique, de Xérès, de cidre…)

Lait (entier, allégé ou écrémé)

Crème liquide

Sucres (sucre semoule blanc ou roux, sucre glace)

Sauces asiatiques (soja, hoisin, teriyaki…)

Farine

Levure chimique

Cacao en poudre

Plaquettes de chocolat

Aides culinaires : bouillons et courts-bouillons déshydratés en cubes et en tablettes, gelée alimentaire en feuilles ou en poudre, fonds de veau ou de volaille, Maïzena®

Vanille (extrait ou gousse)

Riz, pâtes, semoules et céréales

Herbes

Épices

Fruits secs

Graines (sésame, lin, tournesol…)

Tomates en conserve

Ail, échalote, oignons et pommes de terre

Dans le réfrigérateur

Œufs

Beurre

Pâtes prêtes à l'emploi

Moutardes

Herbes fraîches

Gruyère et parmesan râpé

Dans le congélateur

Herbes

Plats cuisinés

Légumes

Table des recettes

Desserts

Index

Photographies et stylisme : Dorian Nieto

Retrouvez Dorian sur doriancuisine.com

Direction : Didier Férat
Direction éditoriale : Fanny Ecochard-Martin
Édition : Marjorie Goussu / Diane Monserat
Corrections : Françoise Caille
Relecture : Hugo Gadroy
Direction artistique : Marina Delranc
Mise en pages : Sébastien Chenaud
Photogravure : Chromostyle

92, avenue de France, 75013 Paris, France
serviceclients@lisez.com

ISBN : 978-2-263-19051-3
Code éditeur : L19051/01
Dépôt légal : janvier 2025
Imprimé en France par Imprimerie de Champagne